바람은 홀로 걷지 않는다

시작시인선 0529 바람은 홀로 걷지 않는다

1판 1쇄 펴낸날 2025년 04월 10일
지은이 한경옥
펴낸이 이재무
기획위원 김춘식, 유성호, 이형권, 임지연, 차성환, 홍용희
책임편집 이호석
편집디자인 김지웅, 정영아
펴낸곳 (주)천년의시작
등록번호 제301-2012-033호
등록일자 2006년 1월 10일
주소 (03132) 서울시 종로구 삼일대로32길 36 운현신화타워 502호
전화 02-723-8668
팩스 02-723-8630
블로그 blog.naver.com/poemsijak
이메일 poemsijak@hanmail.net

ⓒ한경옥, 2025, printed in Seoul, Korea

ISBN 978-89-6021-805-5 04810
978-89-6021-069-1 04810(세트)

값 11,000원

*이 책 내용의 전부 또는 일부를 재사용하려면 반드시 저작권자와 (주)천년의시작 양측의 동의를 받아야 합니다.
*잘못된 책은 바꾸어 드립니다.
*지은이와 협의하에 인지는 생략합니다.

바람은 홀로 걷지 않는다

한경옥

천년의 시작

詩作

너를 만나고 싶어
팔 벌리고 달려가면

너는

저만치서 멈칫거리다 매몰차게 돌아서고
보내는 소식마다 삼켜버리고
네 주변을 맴돌았던 내 발자국마저 지워버린다.

그래도 나는

네가
활짝 웃으며 달려와
와락!
안길 날을 꿈꾼다.

차 례

시인의 말

제1부

별은 꽃이라더라 ─── 13
유성 ─── 14
하늘 아래 ─── 15
그 날 ─── 16
일기 ─── 17
허수아비 ─── 18
보이스피싱 ─── 19
터널을 지날 때면 ─── 20
욕심 ─── 21
갈증 ─── 22
들꽃 ─── 23
매화 ─── 24
입춘立春 ─── 25
새벽이면 ─── 26
고독사 ─── 27

제2부

해바라기 —— 31
딱 반만큼만 —— 32
가을 햇살 —— 33
별빛 한 줄기 내게 오기까지 —— 34
겨울나무 —— 35
한 번이면 —— 36
만 원에 네 개짜리는 —— 37
호수 —— 38
성묘 —— 39
바람은 홀로 걷지 않는다 —— 40
함께 가야 할 —— 41
까치 —— 42
자해自害 —— 43
원 나잇 스탠드 —— 44
빈 손 —— 45

제3부

항변 —— 49
수묵을 치며 —— 50
겨울 가뭄 —— 51
KTX를 타고 —— 52
가을 강변에서 —— 53
파도 —— 54
등대 —— 55
재벌 —— 56
꽃밭 —— 57
혼자라는 건 —— 58
민달팽이 —— 59
구멍 난 주머니처럼 —— 60
반쯤 핀 꽃처럼 —— 61
이 또한 사랑인가 —— 62
산책길에서 —— 63

제4부

아하! ──── 67
노년老年 ──── 68
빈집털이 ──── 69
기껏 ──── 70
네가 오는 소리 ──── 71
상사화 ──── 72
낙태 ──── 73
능소화 ──── 74
암자 ──── 75
송광사에서 ──── 76
미라 ──── 77
바람이 놀다 간 자리 ──── 78
꽃을 본 사람만이 ──── 79
폐가 ──── 80
고발합니다 ──── 81
상강霜降 ──── 82
핑계 ──── 83
빈 하늘 ──── 84

해 설

우찬제 허공의 상상력과 정겨운 바람 ──── 85

제1부

별은 꽃이라더라

별은 꽃이라더라.

어젯밤에 떨어진 별똥별 하나

누가 꺾은 꽃일까?

꽃은 별이라더라.

잔디밭에 핀 노오란 씀바귀꽃

잡초라고 뽑아버린 오늘

하늘에서 누군가 별똥별을 보았겠구나.

유성

한밤중
토막잠에서 깨어
창문을 열었습니다.

가로등 불빛에 눌려
수척해진 어둠이 흠칫
뒷걸음질 칩니다.

멀리
고층아파트 옥상에서
달빛과 별빛을 삼킨 네온이
나온 배를 한껏 더 내밉니다.

순간,
핼쑥한 하늘에서 빈 젖 빨던
별 하나
인공위성에게 등 떠밀려
곤두박질하고 맙니다.

하늘 아래

사람만이

물 한 그릇 떠 놓고도

기도를 한다.

길 위에 구르던 작은 돌멩이에게도

떨어지는 별똥별에게도

오롯한 마음으로

그러나

별도 돌멩이도 물도

인간에게 고개 숙여 빌지 않는다.

그 날

불현 듯 길을 나서
고속도로를 헤맸습니다.

달에게 안기고서야 퍼뜩!
고향에 온 걸 깨달았습니다.

버석거리는 도랑을 씻기고
찰랑찰랑 우물을 채우고 있는
달

대나무 숲은
떼로 몰려들어 서로 먼저 씻겠다고
아우성칩니다.

미루나무까지 씻긴 달은, 또
나를 감싸 안고는
가만, 가만히 씻어줍니다.

일기

 어릴 적 고국을 떠난 해외 입양아가 날마다 한글로 일기를 썼단다. 우리말을 잊으면 친부모를 찾았을 때 사랑한다는 말을 할 수 없을까봐.

 절간 처마 끝에 매달린 목어도 헤엄치는 법을 잊을까 봐 바람이 불 때마다 이리저리 몸을 흔들어보는 것이다. 바다로 돌아갈 날을 꿈꾸며

허수아비

뒤돌아보면
나름 열심히 살았다.
인정머리 없는 불볕더위에도
무자비한 태풍에도 굽히지 않고
떼 지어 달려드는 날강도들,
심심치 않게 따르는 좀도둑들과 싸우며
고된 날들을 용케도 버텨냈다.
묵묵히 자리를 지키면
두둑한 보상을 받을 줄 알았는데
빈 들판에서
누더기를 걸친 채
참새 떼에게 비아냥거림을 받고 있는
노숙자 신세다.

보이스피싱

늘 다니는 길이라
한눈을 팔며 걸어도
발 한 번 삐끗한 적 없다.
익숙한 얼굴과 눈인사를 주고받으며
서두른 아침,
햇살에 눈이 부셨나?
이슬방울에 정신이 팔렸나?
수줍은 듯 마악 벌어지는 산나리
꽃과 꽃 사이
딱 한 뼘 길이로
딱 한 가닥 쳐진 거미줄에
딱 한 번의 실수로
걸려들어 파닥거리는
호랑나비

터널을 지날 때면

통곡소리가 들리는 것 같다.
콘크리트 안 쪽 깊숙이 묻혀버린
민들레, 쑥부쟁이, 엉겅퀴 씨앗들의

발자국소리가 들리는 것 같다.
집을 잃고 떠도는
멧돼지, 고라니, 도마뱀들의

속삭이는 소리가 들리는 것 같다.
언제쯤 허리를 펼지 눈치를 살피는
소나무, 떡갈나무, 굴참나무들의

터널을 지날 때면
절름발이 바람이 소리를 안고
절름절름 따라온다.

욕심

서두르지 마라.

일찍 핀 꽃은
다른 꽃이 피기도 전에 진다.
불꽃은 활활 타오를수록
더 빨리 사그라진다.
올라간 만큼
박살나는 능금을 보아라.
가을 들판에
고만고만하게
키를 맞춘 벼들은
태풍 앞에서도 의연하다.

너무 앞서 나가지 마라.

갈증

비 내리는 밤
진하게 내린 커피와 함께 서재에 들었다.
책장에서 슬그머니 걸어 나와
마주 앉는 바슐라르
까칠한 수염을 쓰다듬는다.
오늘이 몇 번째더라
이렇게 마주 앉은 것이.
열변을 토하는 그와 마주하면
왜 자꾸 하품이 나는 걸까.
고개를 흔들고 눈에 힘을 준다.
빙그레 웃으며
두어 모금 남은 커피를
내 입에 기울여주는 그

빗줄기에 매달린 음표들이
춤을 춘다.

들꽃

너 혼자 피었다고 으스대지 마라.

바람이 흔들어 깨워주지 않았다면
일어날 수 있었겠니?

아침 이슬이 보듬어주지 않았다면
기지개를 켤 수 있었겠니?

만약
햇살이 젖을 물려주지 않았다면
그렇게 활짝 피어날 수 있었을까?

흙은 또
얼마나 따뜻하게 너를 안아주었니.

매화

석 달 열흘을 찾아 헤맸다.

세찬 바람에 넘어져도
얼음 위에 나동그라져도

들로 산으로 강변으로……

그러다 오늘 아침 문득
마주친 너

천지간
정신이 아득하다.

입춘立春

강변으로 산책을 나갔습니다.
바람이
품안으로 고꾸라지며 안깁니다.
거친 숨을 몰아쉴 때마다
찢긴 옷자락이 출렁입니다.
굽은 등을 살살 쓸어주고
흙투성이 맨발을 어루만져주었습니다.
얼마나 먼 길을 걸어왔는지
온통 물집이 잡혔습니다.
입김 호호 불어주고
한 움큼, 햇살 쥐어다 감싸주었습니다.
그제서야
잔뜩 웅크렸던 몸을 풀고
연분홍 잇몸을 보여줍니다.
설익은 향기가 나를 촉촉이
적십니다.

새벽이면

어둠은
불빛과 싸워서 이길 수가 없다.
높은 빌딩의 불빛에게 내동댕이쳐지는 어둠
가로등 불빛에 걷어차이는 어둠
오색찬란한 네온사인에 뺨을 맞는 어둠
강을 건너던 어둠은 유람선 불빛에 떠밀려
물 위로 고꾸라지고 만다.
한여름 밤
개똥벌레에게 꼬집히는 어둠도 있다.
내 침실에 들어온 어둠은
시계의 야광에 눈을 찔려 파르르 떤다.

창백해진 얼굴로
슬금슬금 뒷걸음질 치는 어둠들

고독사

봄이 되어서야 알았다.

고향집을 지키던
감나무가 쓰러진 것을

지난 가을에도
실한 열매 몇 개로
소식을 보내왔었는데

겨울바람이 너무 매서웠나.
폭설暴雪이 너무 버거웠나.

이 봄
순도 틔우지 못하고
허리가 꺾인 채 누워있다.

살구나무도
앵두나무도 모두 떠난
빈 고향 집에서

제2부

해바라기

우리는

늘 같은 곳을 봅니다.

같은 곳을 바라보느라 언제나

서로의 뒷모습만 본다는 걸 몰랐습니다.

마주 본 적이 없어, 서로

어떻게 생겼는지도 모른다는 걸 미처 몰랐습니다.

같은 곳을 바라보는 게 좋은 것인 줄만 알았습니다.

바라보는 그곳이 항상,

그곳인 줄만 알았습니다.

딱! 반만큼만

툇마루에 우두커니 앉아 있는 시간을
빈 전화기 들여다보는 일을
밤마다 우리에 가두는 양의 숫자를

딱 반만큼만 줄였으면 좋겠습니다.

노을이 머물다 가는 의자를
당신의 발자국 소리를
산책길에서 만나는 이슬방울을

딱 반만큼만 늘렸으면 좋겠습니다.

그랬으면 참 좋겠습니다.

가을 햇살

팽나무랑
이야기를 주고받다가

늘쩡늘쩡 흐르는 강물 위에
물수제비뜨다가

벤치에서 바스락거리는 갈잎을
어루만지다가

느릿한 걸음으로
빈 들판을 자분자분 밟아보다가

뒤돌아보며,
뒤돌아보며……

별빛 한 줄기가 내게 오기까지

나무가 가지를 뻗을 때마다
그만큼 자리를 내주는 허공

뿌리가 커갈 때마다
그만큼 틈을 내주는 흙

별빛 한 줄기가 내게 오기까지
어둠은 또 얼마나 몸을 움츠리며
길을 터주는 걸까.

내주기만 할 뿐
빼앗을 줄은 모르는
허공과 흙, 그리고
어둠

겨울나무

겉에서 볼 때는 몰랐다.
이파리 다 떨어진 나무도
실은
속이 꽉 차 있다는 것을.
잎, 열매 다 떨구고 그저
빈 몸으로 서 있는 줄 알았다.
웅웅웅웅
서럽게 울고 있는 줄 알았다.

새로 채우기 위해서는
모두 비워야 된다는 것을,
속에서부터
야무지게 채우기 위해
바람이 흔들어주는 것이라는 걸
저 멀리
겨울 산에서 피어오르는
아스름한 푸른빛을 보고서야 알았다.

한 번이면

사막에선
누구도 잘난 척 하지 않는단다.

꽃을 활짝 피운 선인장도
오아시스도
세찬 바람 한 번이면
흔적조차 없이 사라질 수 있기에

사막에선
누구도 주눅 들지 않는단다.

밑에 깔린 모래도
깊숙이 묻혀버린 대추야자 나무도
세찬 바람 한 번이면
다시
태양 아래로 올라 설 수 있기에

만 원에 네 개짜리는

만 원 주고 산 참외 열 개를
차에 실었다.
달큰한 향기가 제법 소란스럽다.

누가 더 아침이슬과 햇살을 받아먹었는지
누가 더 바람과 빗물에 담금질을 당했는지
누가 더 꿀벌과 입맞춤을 했는지……

저 작은 몸에
저리도 많은 것들을 담았으면
만원에 네 개짜리는 어땠을까?

백화점에서
한 개에 2만 원 하는 것은
더 진한 향기를
품었을까?

호수

그리 심하게 앓고 계신 걸
눈치채지 못했어요.

늘 환하게 웃고 계셔서
평안하시리라고만 믿었지요.

처음
비쩍비쩍 마르실 때는
청하지 않은 손님이 너무
오래 머물러 그러시는 줄 알았어요.

바닥이 훤히 드러나고서야
온몸에 쌓인 병마病魔들을 볼 수 있었지요.
그 상하신 몸으로 어찌 그리도
옆옆을 챙기실 수 있었는지……

가뭄이 떠나고 나면, 또
시침 뚝 떼고
은빛 치맛자락 펼쳐 안아주시겠지요.

성묘

일찌감치
객지로 내보낸 자식들 걱정에
귀를 대문 밖에
내놓고 사셨단다.

민들레 새순 돋는 소리에도
봉숭아 꽃잎 터지는 소리에도
가슴이 철렁 내려앉았다는 어머니

산소로 들어서는 내 발자국 소리에
목련나무 가지에서
마지막 꽃잎이 지고 있다.

바람은 홀로 걷지 않는다

바람은 가는 길을 감추지 않는다.
소슬바람에도 흔들리는
나뭇잎을 보면 알 수 있다.

바람은 홀로 걷지 않는다.
봄바람에 물보라처럼 흩어지는
벚꽃을 보면 알 수 있다.

바람은 제 발자국을 숨기지 않는다.
태풍이 지나간 후 바닥에 나뒹구는
능금을 보면 알 수 있다.

온 나라를 쑥대밭으로 만들어 놓고
슬그머니 빠져나가는
바람

함께 가야 할

벽은
담쟁이의 길을 막은 적이 없다.
오히려
타고 오르도록 온 몸을 내주었다.
하늘과 달과 별,
햇살과 바람과 빗물도 포기했다.
혹시라도
제 무게를 못 이겨 쳐질세라,
이파리 하나라도 떨어질세라
기지개 한 번 켜지 않고
받쳐주고 있는데

왜
타고 넘어가야 할 적으로 여길까.

까치

첫눈 내린 아침
설원雪原에 첫 발자국 찍는다고
설레지 마라. 이미
바람과 입 맞추고 햇살과 몸 섞었다.

자해自害

지난봄,
책갈피에 넣어 두었던
꽃잎 한 장

까마득히 잊고 있었는데
무심코 뽑아든 책 속에서 다시
만났다.

귀한 대접에 설렜으리라.
잊힌 걸 알고는 막막했으리라.

원망이 커서인가.
내 손이 닿자마자
바싹
제 몸을 바스라뜨리는 걸로
앙갚음을 하고 있다.

원 나잇 스탠드
−코로나19를 앓고

우리는
첫눈에 반했어요.
만나자마자 금방 달아올랐지요.

갈기를 휘날리며 달리는 말이었다가
포효하며 덤벼드는 파도였다가
수직으로 떨어지는 폭포수였다가

주먹만 한 별들이 쏟아져 내리기도
세상이 허공으로 꽉 차기도 하면서
엎치락뒤치락했어요.

홀연히 헤어진 지 이태가 넘었는데
아직도
그의 체취가 남아 있어요.

빈손

모난 이슬, 탁한 이슬
향기 품은 이슬을 본 적 있나요?
토란잎의 이슬은
다투지도 발자국을 내지도 않아요.

제3부

항변抗卞

햇살은 어디에서 쉬었다 오는지

달빛은 무얼 타고 내려오는지

노을은 왜 날마다 눈물이 차오르는 건지

냇물은 어디에다 손을 씻는지

더 잘 알고 있는 내가

도대체 왜

내 이름으로조차 불리지 못하고

잡초라고

뽑혀 나가야 하는 걸까.

수묵을 치며

누구일까?
한밤중에 저리도
현란한 춤을 추는 이는

대나무인가?
달빛? 아니면
바람?

창호지 위에
그렸다 지우고 지웠다
다시 붓질을 하고 있다.

슬그머니 다가와
내 손에 관람티켓을 쥐어주는
불면증

겨울 가뭄

달리는 차창을 두드리는
눈송이들
창문을 내리자
냉큼 들어와 옆자리에 앉는다.
안부를 묻기도 전에
그렁그렁 젖는 눈
오랜 기다림 뒤에는 언제나
눈물이 있다.

산도 들도 냇물도,
하늘까지도
그저 먹먹하기만……

KTX를 타고

빠르다는 유혹은 달콤했다.
산과 들은 물론 간이역들까지
이름도 모른 채 그냥
지나쳐 버린다는 걸 미처 몰랐다.
부산에서 서울까지 2시간 30분
잃어버린 것이 어디
작은 역驛이나 경치景致뿐일까.
설렘과 눈물이
단축된 시간 속으로 빨려 들어갔다.
역사를 빠져나오는 사람들의
허기진 눈 속엔
졸음만이 가득 고여 있을 뿐……
이 생生에서 타고 있는 열차도
혹시 KTX면?

가을 강변에서

우연히
첫사랑을 만났습니다.

그동안 꽃이
몇 번이나 피고 졌을까요.
커피 한 모금 마시는 사이, 그
피고 진 꽃들이 사라집니다.

문득
그의 흰 머리칼과 주름이
내 거울로 다가와
눈길을 창밖으로 돌리고 맙니다.

어느덧 햇살이 스러지고
이파리가 듬성한 버드나무 사이로
노을이 찰랑찰랑 차오릅니다.

아직 커피는
반잔도 넘게 남아 있는데……

파도

절규다.

앞으로 나갈 수도
돌아설 수도 없어 토해내는

별들이 손 내밀어 꼬드기고
햇살이 등 갈기며 말리던 길

당도한 곳은
치열한 각축장이다.

바람도 그물에 걸려 휘청거리고
달도 물어 뜯겨 조각나고
발자국마저 순식간에 잡아먹히고 마는

등대

호화여객선이거나
작은 통발선이거나
차별하지 않았어요.

만선을 했거나
빈 배로 들어오거나
팔 벌리고 안아주었지요.

그 자리에서
환하게 웃으며 늘
그렇게 서 있을 줄 알았는데

소나기가 한바탕 퍼붓고 지나간
밤, 창문에 비친
아버지의 그림자가 출렁입니다.

재벌

통장에 찍힌 숫자가 얼마면
집이 몇 평이면
목에 건 루비가 몇 캐럿이면,

서울에서
땅끝마을까지의 주인이 되면
더 바라는 것이 없을까?

지상을 땡볕으로 달구는
한여름 햇살이
겨우 한 평 반짜리
팽나무 그늘을 빼앗고 있다.

꽃밭

씨를 뿌리거나
모종을 한 적도 없는데
천연스레
피어난 꽃

날마다 폼클렌징으로 닦아내고 수분크림에 영양크림, 썬크림을 꼬박꼬박 발랐다. 곡물팩, 알로에팩, 진흙팩, 로얄제리팩을 하루가 멀다 하고 붙였다.

그래도
푸석푸석한 박토다.

제멋대로 고랑이 파인 얼굴도
밭이라고
꽃들이 삐죽삐죽 피어난다.

혼자라는 건

길이 없다는 건
어디로든 걸을 수 있다는 것

빈손이라는 건
무엇이든 잡을 수 있다는 것

혼자라는 건
누구와도 함께 할 수 있다는 것

꽉 채웠다는 건
더 담을 수 없다는 것

초승달은 차오를 수만
만조는 빠질 수만 있다.

민달팽이

어떤 이는
마당이 깊숙한
저택에서 살고

어떤 이는
뷰가 좋은
펜트하우스에서 살고

또 어떤 이는
산자락 안 요새 같은
전원주택에서 사는데

봄비가 내리는 날
지하도로 주춤주춤
들어서는 늙수그레한 등

구멍 난 주머니처럼

내 눈 속에는
방 하나가 있다.
깊이도 넓이도 알 수 없는

고향 집 뒷동산을 통째로 넣고
유명산과 설악산과 지리산도 넣었다.
금강, 홍천강, 소금강,
동해, 서해, 남해,
꽃과 나비와 새,
해와 달과 별도 넣었다.
명품매장을 어슬렁거리며
보석과 핸드백과 화장품을
닥치는 대로 또 쓸어 넣었다.

동전만큼 작은 눈이
담아도 담아도 채워지지 않는다.

반쯤 핀 꽃처럼

산자락 안에 살포시 들어앉은 집이
더 아늑해 보이듯이

시스루에 살짝 가려진 몸이
훨씬 더 매혹적이듯이

꿀꺽꿀꺽 삼키는 속울음이
숙연하다 못해 처연하기까지 한 것처럼

한 손으로 입을 가리고
수줍게 웃는 그 웃음이 더 스민다.

반쯤 핀 꽃처럼

이 또한 사랑인가

입김 솔솔 불어 새순 틔워주고

손 내밀어 이끌어주고

눈 마주쳐 얼굴 붉히게 하던 바람

돌연

홀로 남아

바들바들 떨고 있는 마지막 이파리를

세차게 흔들어

차라리

떨궈 놓고 돌아선다.

산책길에서

나뭇잎 하나
하늘하늘 내려와
내 어깨 위에 앉는다.

눈이 마주치자 멋쩍은 듯
물기가 차오르는 얼굴에
설핏, 보이는 미소

툭!
바람의 발길질에
바닥으로 고꾸라져
몸부림친다.

못 본 척
슬그머니 뒤통수를 보이며
돌아서던 석양

멈칫……

제4부

아하!

하늘을 보며 걷다가
넘어졌다.

누가 보았을 세라
얼른 일어나려다 다시 엎어졌다.

아장아장 걷던 어린아이가 손을 내민다.

아하!

그동안 너무 건방졌구나.

어린아이 앞에서도 무릎을 꿇으라는 말씀이구나.

노년老年

서로
다른 골짜기에서
내려오다 만나
도란도란 걷다가
토라져서 다른 길로 갔다가
다시 만나
끌어안고 빙빙 돌다가
벼랑에서
거꾸러지기도 뒤집히기도 하면서……

어느덧
해안의 흰 파도가 되어 흥얼거린다.

빈집털이

주도면밀하게 준비했다.
주인이 집을 비우는 시간을 체크하고
장비도 하나하나 꼼꼼하게 구입하고
범행 후 숨을 장소까지도……
완전무장을 하고 드디어
출동
누구의 방인지
값비싼 물건이 무엇인지
재고 따질 겨를이 없다.
닥치는 대로 파헤치고 뒤졌다.
낙지, 게, 조개……
무조건 한 통에 쓸어 담아
재빨리 빠져나왔다.

갈매기가 소리치며 쫓아온다.

기껏

네 발소리는
언제나 당당하지

째깍째깍
걷는 소리는 들리는데
발자국은 볼 수가 없었어.

그러다가 문득
거울 속에서 찾았지.
내 얼굴에 함부로 찍어놓은
발자국, 발자국들을

네가
밤낮으로 걸어서 당도한 곳이
기껏 그곳이라니……

네가 오는 소리

봄에는 사르락사르락
여름에는 우르릉쾅쾅 쏴아
가을에는 추적추적
겨울에는 차르륵차르륵

계절 따라
다르게 내는 소리

어떤 곳엔 첨벙첨벙
어떤 곳엔 찰박찰박
또 어떤 곳에는 후두둑후두둑

늘
다르게 온다.

상사화

나란히 걸으며
달도 함께 보고
작은 선물도 서로 챙겨주고
어떤 날은 등 돌린 채 잠들고
가끔은,
아주 가끔은
슬쩍
꽃다발도 내밀고……

우린 왜
그 별것도 아닌 것을
못하고 사는 걸까?

낙태

이번에도 또 보내고 말았다.

오래 공들인 끝에 어렵게 얻었는데

문예지도 구독하고
남의 시집도 읽고
소설책도 사보고……

뿌연 새벽녘까지
어루만지다 꼬깃꼬깃 구겨
아궁이에 던져버린 원고지

토란잎에서 구르던 이슬이
홀연히 사라져버렸다.

능소화

양반의 핏줄이라서 그런가.

살면서
고개를 숙이기도
허리를 굽히기도 하련만

늘
턱을 바짝 치켜들고 살던
너

땅에 떨어져서도
도도하게
하늘 향해 고개를 세웠구나.

암자

달빛이 가부좌 틀고 앉아
참선하다 가고

바람이 빙글빙글
탑돌이 하다 가고

갈잎이 바스락바스락
염불하다 가고

개미들이 떼로 몰려
참배하고 가는

길가에 나뒹구는
구두 한 짝

송광사에서

경건한 절간에서
어찌 그런 짓을 할 수 있냐고
사람들이 수군수군 댔는데요.
떡잎부터 알아봤다고
혀를 끌끌 차는 이도 있었는데요.
어떤 이는
절 밖으로 내쳐야 된다고
입에 거품을 물기도 했는데요.
해우소 앞 은행나무가
절 밖에 있는 아무개와 눈이 맞아
수태를 했다는데요.
스님들도 보살들도
멀리 돌아서 가거나
고개를 돌리고 가거나
코를 싸쥐고 냅다 뛰어 간다는데요.
몸이 한껏 불은 은행나무는
배를 쑤욱 내밀고 서 있는데요.
대웅전에 계신 부처님만
모른 척,
빙그레 웃고 계시더래요.

미라

한 생이 끝났으면
한 줌 재가 되어서

흙에 묻히거나
바람에 흩어지거나
아니면 물 따라 떠났어야지

이유도 모른 채
책갈피 속에 갇혀버린
갈잎 한 장

어디로 가는지 묻지도 않고
내미는 손을 덥석 잡은 죄로

산 자도 죽은 자도
아닌 몸으로
엉뚱한 생을 살고 있다.

바람이 놀다 간 자리

바다가

밤새도록

출렁이기도, 뒤집어지기도

솟구쳐 오르기도 한

새벽

갯벌에는

그 발자국들이

고스란히 찍혀 있다.

꽃을 본 사람만이

하늘을 올려다 본 사람만이
벼랑에 핀 꽃을 볼 수 있다.

꽃을 본 사람만이
벼랑을 오를 수 있다.

벼랑에 오른 사람만이
꽃 한 송이를 피우기 위해
모래 한 알이 얼마나 소중한지 알 수 있다.

그걸 아는 사람은
바라만 보고 빈손으로 내려온다.

폐가

한밤중
대나무 울음소리를 들어본 적 있는가?

힘주어 닫아 걸은 목울대를
와르르 허물고
터져 나오는 그 소리를

툇마루에 동그마니 앉아있던
길고양이 한 마리
곤두세운 털을 슬그머니 내리고

기울어진 발걸음을 차마
떼놓지 못하는
하현달

고발합니다

어떻게 생겼냐고요?
얼굴은커녕 옷자락도 못 봤어요.
예고도 없이 불쑥 들어와서
나를 방에 가두고 자물통을 채웠어요.
때리고 차고 찌르고 꼬집고 할퀴고……
머리끄덩이를 잡고 흔들다가
구석으로 내동댕이칠 때는
숨이 막혔어요.
후끈 달아오르게 했다가
덜덜 떨게 하면서
농락하고 폭행했어요.
그런데
사람들은 쑥덕거리며 나를
흘끔흘끔 피해요.

 주거무단침입, 주거무단점유, 불법감금, 폭행, 명예훼손, 성희롱, 성추행을 저지른
 코로나19를 고발합니다.

상강霜降

해가 시들면
따라서 지는 꽃이 있다.

어둠이
매무새를 가다듬는 시간,
울타리를 뚫고 주춤주춤 들어서는
앉은뱅이 바람

이리저리 둘러보다
빛 잃은
봉숭아 꽃잎을 떨어뜨리고는
어기적어기적
안마당을 빠져나간다.

서쪽 하늘에서
주름진 얼굴을 슬그머니
돌리는 태양

핑계

커피 한 잔을 내립니다.

온 집 안을 휘돌아
내 안까지 포근히 적셔주는
쌉싸름한 향기

한껏 들뜬 딸의 전화에도
남편과 말다툼을 한 후에도
내 시가 참 좋더라는 어느 시인의 말에도

커피 한 잔을 마십니다.

갖가지 이유를 담아 홀짝홀짝
즐기기도, 삭이기도 하는
커피

그 작은 잔 속에
그리도 많은 이야기가 담겨
있습니다.

빈 하늘

 언제부턴가 흐려진 시야, 의사의 권유로 백내장 수술을 했다. 언제 그랬냐 싶게 나무도 꽃도 풀도 모두 선명하다. 거울에 비친 내 얼굴에서 잡티들이 부스스 기지개를 켠다.

 20년 가까이 탄 자동차, 여기저기 흠집이 보이고 비싼 손 세차를 해도 늘 앞이 뿌옇다. 유리를 갈아 끼워야 된다는 말에 앞 유리를 갈았다. 먼 하늘의 새털구름이 푸드덕 날아오른다.

해 설

허공의 상상력과 정겨운 바람

우찬제(문학비평가)

1. 초대받은 시인, 세계를 씻는 서정

자연으로부터, 세계로부터 초대받은 감각은 얼마나 복될 것인가. 축복처럼 뮤즈가 기꺼이 환대한다면 그 얼마나 좋을까. 한경옥 시인에게 시적 대상은 목적격의 대상이라기보다 차라리 주격의 시적 주체에 버금간다고 해도 과언이 아니다. 시인이 시적 주체로서 대상을 관찰하고 느끼고 인식하고 거기에 동화되거나 감정을 이입하여 서정적으로 형상화하는 것이 보통이다. 그런데 뮤즈의 축복처럼 대상이 시인을 적극적으로 초대하는 경우, 시적 주체와 대상은 서로 긴밀하게 스미고 짜인다. 말하자면 시적 '상호주체'가 된다. 서로 긴밀하게 호응하며 서정의 물레질을 수행한다.

가령 「그 날」 p16에서 시인은 달의 기운에 안긴 채 고향으로 간다. 계획했거나 의도했던 고향행이 아니었다. 불현듯 차를 몰았고 고속도로를 헤매다가 달빛이 이끄는 데로 가다 보니 고향이었다는 것이다. 달은 "버석거리는 도랑을 씻기고/ 찰랑찰랑 우물을 채우고", "미루나무까지 씻긴" 다음 "나를 감싸 안고는/ 가만, 가만히 씻어"준다. 이 시에서 달은 지상에 존재하는 모든 것을 조용히 씻어준다. 달은 단지 배경 요소가 아니다. 예전에 파울 첼란은 「언젠가」에서 "보이지 않게, 밤새도록/ 정말로", "세계를 씻고 있"는 "그의 기척을 들은 적이 있다"라고 했었다. "파괴된 하나와 무한이" 연결되고 빛과 구원으로 이어지는 그런 기척을 말이다. 시인 한경옥을 초대하고 또 가만히 씻어주는 달의 기척 또한 그런 것 아닐까. 이런 기척, 기미로부터 초대된 감각이 바로 한경옥 시의 심연을 형성한다. 시적 대상의 초대에 시인의 감각은 깊은 환대로 응답한다. 초대하는 대상의 섭리에 스며들며 그 대상 안에서 혹은 대상들 사이에서 또는 대상과 주체 사이에서 넉넉한 감각적 대화의 지평을 형성한다. 그 감각의 대화들이 순박한 듯 각별한 세계 발견과 성찰의 계기들을 빚어낸다. 함께 씻고, 서로 씻어주며, 교감하듯 새롭게 열리는 감각의 우편번호는 독자들에게 진실한 서정의 기척을 들을 수 있게 한다. 초대된 감각이 깊은 환대의 정서로 새로운 상상력을 빚어내는 서정이 바로 한경옥의 시이다. 닮은 듯 다른 달을 빚어내고(「그 날」), 별처럼 빛나는 꽃을 새로이 피게 하거나 별에 꽃의 향기를 더해준다(

「별은 꽃이라더라」). 세계를 씻는다. 그러면서 시인은 말을 씻는다. 시는 그렇게 빚어진다.

그러나 세계로부터 초대받는 일은 결코 쉬운 일이 아니다. 자주 초대받기도 어렵다. 하여 초대받을 수 있는 감각적 준비나 도야 과정이 필요할지도 모른다. 동서고금을 막론하고 타고난 시인은 그리 많지 않았다. 「일기」p17라는 시가 주목되는 것은 이 지점에서다. 두 연으로 이루어진 이 시는 범상한 듯 비범한 발견과 성찰을 보인다. 첫 연은 입양 후 매일 한글로 일기를 적었다는 한 입양아의 에피소드다. "어릴 적 고국을 떠난 해외 입양아가 날마다 한글로 일기를 썼단다. 우리말을 잊으면 친부모를 찾았을 때 사랑한다는 말을 할 수 없을까봐." 매일 한글로 일기를 쓰는 '양태'와 그 '이유' 대기의 구조로 되어 있다. 한국어를 잊으면 나중에 친부모를 찾았을 때 "사랑한다는 말을 할 수 없을까봐"가 그 이유이다. 둘째 연은 '이유 + 양태 + 욕망'의 구조로 진술된다. "절간 처마 끝에 매달린 목어도 헤엄치는 법을 잊을까봐 바람이 불 때마다 이리저리 몸을 흔들어보는 것이다. 바다로 돌아갈 날을 꿈꾸며". 목어는 헤엄치는 법을 잊을까봐(이유), 바람이 불 때마다 몸을 흔들면서(양태), 바다로의 회귀를 꿈꾼다(욕망). 아마도 1연의 해외 입양아 사연을 접한 시인이 뭉클한 느낌에 젖어들며, 바람에 흔들리는 목어를 연상했을 것이고, 원초적 회귀 본능의 간절함을 떠올렸을 터이다.

2연에 형상화된 목어에 대한 발견과 진술은 한경옥의 바람의 현상학 중에서도 아주 뛰어난 편에 속한다. 바람이 불어올 때 호젓한 산사의 목어는 풍경소리와 어울리며 근원적으로 응답한다. 목어는 소리를 내지 않지만 이미 바람결에 먼바다를 그리는 간절한 노래를 부른다. 바람에 흔들리는 온몸의 몸짓이 곡진한 풍경을 환기하고, 시각적 풍경은 곧 청각적 노래를 불러온다. 1연 해외 입양아의 일기장 사연까지 품어 안은 채 목어의 노래는 공기를 따라 해원의 심연으로 내달린다. 제자리를 떠나온 디아스포라의 곡진한 서정을 환기하는 이 시는, 어쩌면 모든 존재의 심층적 진실을 새롭게 성찰하게 한다. 누군들 자기 자리에 굳건히 뿌리내린 채 안전하고 행복한 삶을 살고 있다고 느낄 수 있으랴. 대개 떠나온 자들이고, 잃어버린 존재들 아니겠는가. 하여 돌아가고픈 자리를 욕망하는 것, 그런 욕망의 욕망이야말로 삶의 근원적 진실에 값하는 것 아니겠는가.

  두 연으로 이루어진 간략한 시편이지만 쓰인 것보다 쓰이지 않은 여백이 너무 많은 텍스트다. 그만큼 넓고 깊은 상상력을 웅숭깊게 보여준다. 이 시를 '시인의 말'과 겹쳐 읽으면서 어떤 독자는 비어 있는 3연을 떠올릴지도 모른다. 한경옥은 시가 그 주변에서 맴돌던 시인의 발자국마저 지워버린 채 "매몰차게 돌아"설까봐, 매일 시를 달래고 어른다. 그러면서 시가 "활짝 웃으며 달려와/ 와락!/ 안길 날을 꿈꾼다." 이렇게 한경옥의 시는 홀로 쓰이지 않는다. 세계와 자연으로부터 감각의 초대를 받은 시인이, 거기에 걸맞은 언어를 고르면, 세상의 빛과 바람과 물결이 그 말들을 다듬어준다.

그리고 최종적으로 독자가 새로 쓰며 시가 거듭 탄생한다. 그런 한 시절의 결과물이 시집 『바람은 홀로 걷지 않는다』이다. 그러므로 이 시집 읽기는 이런 질문들과 동행하는 여정이 될 것으로 보인다. '바람은 홀로 걷지 않는다'는 인식은 어디서 빚어진 것이며, 그 인식의 효과는 무엇인가? '홀로'의 중뿔난 생존을 넘어서 연결된 전체를 감각하고 성찰하는 '정겨운 동행'의 상상력은 어떤 시대정신과 호응하는가? '나' 중심주의를 넘어서 '남'을 환대하고, 타자의 초대에 응대하며, 더 적극적으로 '반(反)'의 동력으로 지양(止揚)의 계기를 마련하려는 삶의 지혜는 왜 중요하며, 그것의 서정적 탐문 방식은 어떠한가? 요컨대 한경옥 시는 왜 홀로 쓰이지 않았다는 말인가?

2. 지상의 욕심을 넘어서

세계를 씻는 시인의 기척은 우선 지상의 욕심을 넘어서려는 반성적 성찰의 지평에서 감지된다. 지구 생태 전체 그리고 지구 행성이 속한 은하계 우주까지 포괄하여 생각하면 인간이란 그 얼마나 작은 존재인가. 1990년 2월 14일 보이저 1호가 찍은 지구 사진을, 우리는 '창백한 푸른 점'(Pale Blue Dot)이라고 부른다. 천체 우주의 맥락에서 보면 지구는 단지 한 점에 불과하고, 그 지구 위의 인간은 창백한 푸른 점보다 더 작고 창백한 힉스(Higgs) 입자에 불과하지 않을까. 같은 이름의 저서에서 칼 세이건이 겸손의 미덕과 서로에 대한 배려와 상생 의지를 강조한 것도, 그 창백한 푸른 점에 대한 책임의 윤리에 기반한 것이었을 터이다. 그런데 어쩌면 인간은 겸손하기 쉽지 않은 존재인지도 모른다. 저마다 '나' 중심주의에 사로잡혀, 나와 자기편의 욕심을 채우기 위해 상대나 지구를 저렴하게 이용하려 드는 경우가 많다.

「하늘 아래」p15는 기도하는 모습을 아이러니컬한 어조로 그린 시이다. 오로지 "사람만이/ 물 한 그릇 떠 놓고도/ 기도를 한다"라고 했다. 돌멩이에게도 별똥별에게도 "오롯한 마음으로" 기도한다고 했다. 그러면서 "별도 돌멩이도 물도/ 인간에게 고개 숙여 빌지 않는다"라는 대조의 거울을 마주 세웠다. 여기서 독자는 일차적으로 유심한 인간과 무심한 자연의 대조를 읽어낸다. 기도하는 인간의 겸손함을 읽을 수도 있다. 그러나 아이러니는 이면의 진실을 환기한다. 겸손하게 기도하는 유심한 인간은 왜 자연에 비는가? 뭔가를 욕망하기 때문이다. 유심은 곧 욕심으로 이어진다. 뭔가를 이루거나 갖게 해달라고 비는 것 아니겠는가? 그 욕심의 구체가 「재벌」 p56에 제시된다. "통장에 찍힌 숫자가 얼마면/ 집이 몇 평이면/ 목에 건 루비가 몇 캐럿이면,// 서울에서/ 땅끝마을까지의 주인이 되면/ 더 바라는 것이 없을까?" 오래전 톨스토이가 「사람에게는 땅이 얼마나 필요한가」에서 했던 근원적 질문을 동시대의 감각으로 새롭게 던지고 있는 형국이다. 잠시 톨스토이의 이야기를 에둘러가기로 하자.

톨스토이의 이야기에서 소작인 파흠은 자기 땅에서 농사를 짓고 싶었다. 남의 땅을 빌어 농사짓는 처지다 보니 소작료를 내고 나면 남는 게 별로 없었기 때문이다. 꿈을 이루기 위해 그는 열심히 일했다. 조금씩 땅을 늘려갔다. 땅이 늘어날 때마다 즐거웠지만, 기갈 들린 사람처럼 그는 마냥 부족함을 느끼며 아쉬워했다. 그 갈증을 시원하게 해소할 수 있을 만큼의 넓은 땅이 마련된다면 정말 행복할 것 같았다. "만일 땅을 영원히 자기 것으로 만들어 농장을 지을 수 있다면 얼마나 좋을까. 그렇게 되면 이 마을에서 부러울 것이 없을 텐데."(톨스토이, 이종진 옮김, 『사람은 무엇으로 사는가』, 창비, 2015, p. 170). 그러던 어느 날 그는 한 상인으로부터 바시키르 사람들이 사는 마을에 가면 좋은 기회를 얻을 수 있다는 말을 듣는다. 아주 싼 값에 비옥하고 넓은 땅을 마련할 수 있다는 것이었다. 마음이 들뜨기 시작했다. 하여 파흠은 그들과의 거래를 위한 선물을 마련하여 바시키르 마을로 간다. 마을 이장은 하루치에 1,000루블이라고 했다. "하루에 걷는 만큼 그 땅이 당신 것이 되는 것입니다. 그러나 하루 땅값은 1,000루블이랍니다."(p. 178). 이장의 제안은 환상적이었다. 일출에서 일몰 때까지 그가 걸어서 밟은 땅이 그의 몫이 된다고 했다. 다만 해지기 전까지 돌아오지 못하면 땅을 한 평도 받지 못하고 돈만 잃게 된다는 것이었다. 이튿날 동이 트자마자 파흠은 자기 땅을 확보하기 위해 내달리기 시작한다. 내딛는 걸음마다 신바람이 났다. 더욱이 가면 갈수록 비옥한 땅이 널려 있었다. 멈출 수 없었다. 그렇게 욕심을 내다 가까스로 해가 떨어질 무렵 도착했다. "정말 장하십니다! 이제 많은 땅을 가지게 되셨네요."(p.190). 그렇게 이장이 외쳤지만 그 말을 파흠이 들었는지 알 수 없다. 도착하자마자 쓰러진 파흠은 그만 피를 토하고 죽고 말았기 때문이다. 파흠의 욕심과 죽음을 애석해하는 바시키르 사람들에 의해, 가엾은 파흠은 고작 제 몸 하나 뉘일 만한 좁은 땅 속으로 돌아간다. 그에게 필요한 땅은 정녕 그만큼에 불과한 것이었을까?「사람에게는 땅이 얼마나 필요한가」는 그런 이야기다. 인간 욕망의 어두운 곳에 성찰의 빛을 던지려 했던 톨스토이의 의도가 뚜렷한 작품이다.「사람은 무엇으로 사는가」와 겹쳐 읽으면 파흠의 욕망과 운명에 대해 더 깊은 생각을 하게 된다. 여기서 톨스토이는 사람의 마음속에는 '사랑'이 있으며, 사람에게 주어지지 않는 것은 정작 자기 몸에 필요한 것이 무엇인지 알 수 있는 '힘'이고, 그러므로 사람은 '걱정'이나 욕망이 아니라 '사랑'으로 산다는 메시지를 분명하게 전하지 않았던가. 파흠이 그것을 잘 몰랐던 것일까. 사람은 사랑으로 살아야 하는데, 자기 마음속의 사랑을 헤아리지 못한 채, 땅과 돈에 대한 욕심과 걱정으로 살다보니, 그 욕심 때문에 자기 삶 전체를 파국으로 몰고 가는 결과를 낳았다.

그러니까 '사람에게는 땅이 얼마나 필요한가'라는 표제에서, 우리는 '얼마나' 부분을 재삼 주목해야 하리라. 정도의 문제. 곧 정도(定度)의 정도(正道)를 어떻게 추구할 수 있을까, 하는 문제 앞에서 우리는 오래 숙고해야 한다. 쉬운 것

같지만 그토록 막연하고 어려운 문제가 또 어디 있으랴. 서양의 아리스토텔레스나 동양의 공·맹자 등이 흔히 중용과 절제의 미덕을 강조했지만, 그것이 동서고금을 막론하고 그토록 지속적으로 윤리의 주제가 된 것은 그만큼 실천하기 어려운 주제이기 때문이 아니었을까. 멈추면 그제야 비로소 보이는 것들에 대해 수많은 선사가 이야기한 것도 같은 맥락이었을 터이다. 멈추면 보이는데 멈추지 못해서 보지 못하는 것들이 참으로 많다. 생의 진실을 보지 못할 뿐만 아니라, 아예 생 전체를 잃게 된 파흠과 같은 사례를 우리는 아쉽게도 수없이 경험한다는 점을, 한경옥의 「재벌」은 암시적으로 환기한다. 그 지상의 욕심을 넘어서기 위한 지향점을 톨스토이는 성서의 사랑에서 찾았지만, 한경옥은 자연에서 발견한다. 대자연의 이치를 숙고하는 중용이나 겸손의 미덕에서 찾는다. 예컨대 "서두르지 마라"라는 시행으로 시작하는 「욕심」 p21이라는 시에서 일목요연하다.

> 일찍 핀 꽃은
> 다른 꽃이 피기도 전에 진다.
> 불꽃은 활활 타오를수록
> 더 빨리 사그라진다.
> 올라간 만큼
> 박살나는 능금을 보아라.
> 가을 들판에
> 고만고만하게

키를 맞춘 벼들은
태풍 앞에서도 의연하다.

―「욕심」 부분

1연 "서두르지 마라"에서 펼친 연역적 주장의 근거를 이렇게 2연에서 구체적으로 펼친다. 일찍 핀 꽃, 일찍 타오른 불꽃, 조숙한 능금은 「욕심」으로 서두른 사례이다. 그에 반해 "고만고만하게/ 키를 맞춘 벼들은" 그 반례이다. 이 대조를 거쳐 "너무 앞서 나가지 마라"며 1연의 주장을 반복적으로 확인해준다. 「아하!」 p76도 그렇다. 하늘을 보며 걷다가 그만 넘어졌는데, 누가 볼세라 서둘러 일어나려다 다시 엎어진다. 그런데 "아장아장 걷던 어린아이가 손을 내민다." 이렇게 어린아이가 손을 내미는 것, 그것이 앞에서 말한 초대된 감각의 구체적 모양새이기도 하다. 내 밖에서 남이 나를 적극적으로 초대하는 순간, 나는 겸허하게 반성적 지평을 연다. "아하!/ 그동안 너무 건방졌구나./ 어린아이 앞에서도 무릎을 꿇으라는 말씀이구나." 걷다가 넘어져 멈춘 자리에서 이런 성찰을 보이는 이라면, 어디든 길일 것 같고 어디에도 길이 없는 사막에 처하게 된다면 더 겸손해야 할 이유를 더 자연스럽게 터득할 수 있을지도 모르겠다. 「한 번이면」 p36에서 그랬다. "사막에선/ 누구도 잘난 척하지 않는"데 그 이유는 "꽃을 활짝 피운 선인장도/ 오아시스도/ 세찬 바람 한 번이면/ 흔적조차 없이 사라질 수 있기" 때문이다. 그렇다고 해서 사막에서 하염없이 주눅들 필요도 없다고 말한다. "깊숙이 묻혀버린 대추야자 나무도/ 세찬 바람 한 번이면/ 다시/ 태양 아래로 올라설 수 있기에" 그렇다는 것이다. 여기서 주목되는 것은 인간이 잘난 척하지 않거나 주눅 들지 않는 것은 인간의 단독적인 윤리나 홀로의 의지에 의한 것이 결코 아니라는 사실이다. 사막을 통해 현시되는 자연의 비의(秘意)에 가까운 어떤 것 아닐까. 사막에서 잘난 척하거나 주눅 들지 않을 때, 인간은 지상의 욕심으로부터 겸손하게 넘어설 수 있는 작은 계기를 마련하게 되지 않을까, 시인은 짐작한다. 하여 허공을 향한 허허로운 상상을 펼치게 된다.

3. 허공의 상상력과 반(反)의 동력

 허공은 사이에서 생겨난다. 허공은 말 그대로 텅 '빈' 공간이지만, 또한 공기로 꽉 '찬' 공간이기도 하다. 빈 기운으로 꽉 찬, 그 텅 빈 충만이라는 우주적 비의를, 허공은 부재하는 현존으로 일깨운다. 빈 것과 찬 것, 없는 것과 있는 것이 서로 밀고 당기며 우주의 리듬을 조율하는 공간이 바로 허공이다. 그런 허공이 시인을 초대한다. 「유성」 p14에서 시인은 이렇게 응한다. "가로등 불빛에 눌려/수척해진 어둠이 흠칫/ 뒷걸음질"치고 "멀리/ 고층아파트 옥상에서/ 달빛과 별빛을 삼킨 네온이/ 나온 배를 한껏 더 내"민다는 허공에서의 교감으로 말이다. 어둠과 빛의 조율 양상을 시인은 허공에서 내밀하게 감각한다. 상대적인 반(反)의 동력에 의해 그 율동은 상당히 긴밀하다. 더해지거나 덜해지는 기미를 민감하게 느낀다.

『노자의 목소리로 듣는 도덕경』에서 최진석은 "노자가 보기에 이 세상은 모든 것이 반대편을 향해 열려 있고, 반대편과의 관계 속에서 존재"한다는 것, "자신의 존재 근거가 자신 안에 있지 않고, 상대편과의 관계 속에 있"다는 것, "모든 사물은 이런 원리를 바탕으로 반대편을 향하여 부단히 변화 한다"는 것, "이 세계에 있는 모든 것은 그 반대편 것과의 관계 속에서 비로소 그것이 된다"는 점을 강조한다. 노자의 도(道)도 그런 맥락에서 분명해진다는 것이다.

> 노자는 이 세계를 반대되는 것들이 꼬여서 이루어진 것으로 본다. 즉 이 세계는 대립 쌍들[유(有)/무(無), 고(高)/저(低), 장(長)/단(短), 상(上)/하(下)]이 서로 꼬여서 이루어져 있는데, 이것이 이 우주의 존재 원칙[恒]이자 법칙[常]이고, 이런 존재 형식 내지는 원칙에 도라는 기호를 붙인 것이다. 다시 말하면 이 세계는 반대되는 것들이 서로 꼬여서 이루어져 있는데, 반대되는 것들이 서로 꼬여서 이 세계를 이룬다는 이런 원칙을 '도'라고 부르는 것이다. (…) 이 세계가 반대되는 범주들의 꼬임으로 이루어졌다면 그런 꼬임을 이루는 힘 즉 운동력은 무엇인가. 노자는 그것을『도덕경』제40장에서 "반대편으로 나아가려는 경향이 도의 운동력이다"(反者道之動)라고 표현했다. 반대편으로 나아가려는 경향

을 운동력으로 해석해서 반대되는 것들이 서로 관계를 맺는다는 뜻이다. 그러면 이 운동력은 어디서 오는가. 그것은 바로 자연이 본래적으로 갖추고 있다.
　　　　―최진석, 『노자의 목소리로 듣는 도덕경』, 부분

 이와 같이 반(反)의 동력이 도(道)의 운동력이고, 그것은 자연이 본래 갖추고 있는 것이라는 도가의 기본적 맥락에서 보면, 한경옥의 「별빛 한 줄기가 내게 오기까지」p34는 그야말로 주목에 값한다.

　　나무가 가지를 뻗을 때마다
　　그만큼 자리를 내주는 허공

　　뿌리가 커갈 때마다
　　그만큼 틈을 내주는 흙

　　별빛 한 줄기가 내게 오기까지
　　어둠은 또 얼마나 몸을 움츠리며
　　길을 터주는 걸까.

　　내주기만 할 뿐
　　빼앗을 줄은 모르는
　　허공과 흙, 그리고
　　어둠

—「별빛 한 줄기가 내게 오기까지」 전문

 나무와 허공, 뿌리와 흙, 별빛과 어둠이라는 대립 쌍들이 서로 밀고 당기며 호응하고 조율하는 모습의 자연스러운 풍경을 형상화한 것인데, 자연의 이치를 웅숭깊게 보여주고 있어 인상적이다. 허공이 그만큼 자리를 내주지 않는다면 뻗으려는 나뭇가지는 그 얼마나 난감하랴. 흙이 틈을 내주지 않는다면 뿌리는 어찌 커갈 수 있겠는가. 그러니까 나뭇가지가 홀로 뻗어나갈 수 없다는 것, 뿌리가 저 혼자 커갈 수 없다는 것, 마찬가지로 별빛 또한 어둠과의 조율 없이 저 홀로 빛날 수 없다는 것, 그 모든 조율과 교감과 어우러짐이 허공에서 자연스럽게 이루어진다는 사실을 시인은 직관한다. 그런 반(反)의 동력을 헤아리면 현존재의 처지가 불우하다고 해서 너무 좌절할 필요도 없고, 지금 처지가 좋다고 해서 우쭐댈 일도 아니다. 「혼자라는 건」 p58에서 시인이 "길이 없다는 건/ 어디로든 걸을 수 있다는 것// 빈손이라는 건/ 무엇이든 잡을 수 있다는 것// 혼자라는 건/ 누구와도 함께 할 수 있다는 것"이라며 홀로 어려운 처지에 있는 이들에게 푸른 희망의 지렛대를 마련하고 "꽉 채웠다는 건/ 더 담을 수 없다는 것"이라며 꽉 찬 욕심과 그 실현을 경계하는 것은, 그런 이치를 떠올리게 한다. 요컨대 "초승달은 차오를 수만/ 만조는 빠질 수만 있"는 자연의 이치 앞에 겸손할 때, 그 반(反)의 동력에 따라 도(道)의 운동력에 허허롭게 제 마음과 몸을 맡길 수 있을 때, 인간은 지상의 욕심을 넘어

허공의 상상력으로 승화할 수 있겠다는 상념을 시인은 부드럽게 보여준다. 벼랑에 올라 하늘을 바라보고 벼랑 아래의 모래 한 알을 눈여겨 본 사람만이 "벼랑에 핀 꽃"(「꽃을 본 사람만이」p79)을 볼 수 있다는 시인의 진술을 빌리자면, 한경옥은 벼랑의 모래 한 알에서 피어나는 허공의 푸른 꽃과도 같은 시를 피우기를 소망하는 허공의 시인이 아닐까 싶다.

4. 생명 다양성과 아트라베시아모(attraversiamo)

허공의 시인은 리처드 파워스(Richard Powers)의 『오버스토리』(Overstory)처럼 허공에서 세계의 삼라만상을 조망할 수 있는 눈 그물을 지닐 준비가 되어 있다. 그런 눈 그물을 지닌 시인의 '오버스토리', 그 조감도에 따르면 '창백한 푸른 점'의 뭇 존재들은 서로 연결되어 있다. 홀로 존재하지 않고 다양한 생명이 전체적으로 어울려 존재하며 가이아 지구를 형성한다. 그런데 인류가 지구 지질이나 생태계에 현저하게 영향을 미친 이후 새로 제안된 지질 시대인 이른바 '인류세'(人類世, Anthropocene) 시대에 가이아 지구가 상처받다 못해 점차로 거주 불능 지역이 늘어나고 있음을 우려하기도 한다. 가령 「터널을 지날 때면」 p20에서 시인이 "콘크리트 안쪽 깊숙이 묻혀버린/ 민들레, 쑥부쟁이, 엉겅퀴 씨앗들의" "통곡소리가 들리는 것 같"거나 "집을 잃고 떠도는/ 멧돼지, 고라니, 도마뱀들의" 불안한 "발자국소리가 들리는 것 같"고, "언제쯤 허리를 펼지 눈치를 살피는/ 소나무, 떡갈나무, 굴참나무들"이 하염없는 근심으로 "속삭이는 소리가 들리는 것 같다"라고 시리게 적는 이유는 그런 까닭에서일 터이다. 문명의 이기를 도모하기 위해 백두대간에 얼마나 많은 터널이 뚫렸는지 우리는 잘 안다. 자연 상태가 아닌 인공 문명의 질주로인 터널이 늘어날수록 산의 나무며 숲의 동물들이 위태롭게 된다. 그야말로 절름발이 생태로 추락하고 있기에 그런 지역에서는 바람마저 절름발이가 된다고 시인은 날카롭게 보고한다. "터널을 지날 때면/ 절름발이 바람이 소리를 안고/ 절름절름 따라온다." 이렇게 자연에 평화롭게 거주하던 민들레나 떡갈나무, 도마뱀들이 절름발이 신세가 된 것은 인간의 무분별한 개발 욕심 탓이다. 철저한 인간중심주의에 입각해 비인간 존재를 속절없이 타자화 했기 때문이다.

이런 태도를 전본질적으로 반성하고 생태적인 패러다임으로 전환하지 않으면 안 된다는 인식을, 허공의 시인이 보이는 것은 차라리 자연스럽다. 「들꽃」 p23에게 시인은 "너 혼자 피었다고 으스대지 마라"는 말을 건넨다. 흔들어 깨워준 바람, 아침마다 기지개를 켤 수 있도록 보듬어준 이슬, 활짝 피어날 수 있도록 젖을 물려준 햇살, 늘 따뜻하게 안아준 흙이 없었다면, 피어날 수 없었음을 잊으면 안 된다는 말이다. 모든 것이 연결된 전체라는 생태학적 인식에서 볼 때 당연한 말이지만, 이런 언술이 전경화되는 것은 당연한 것이 무시되는 반생태적 환경 탓이다. 들꽃에게 전하는 목소리이지만 실은 인류세의 주역인 인간들에게 바치는 간곡한 호소에 가깝다. 「까치」 p42에서도 그렇다. "첫눈 내린 아침/ 설원雪原에 첫 발자국 찍는다고/ 설레지 마라. 이미/ 바람과 입 맞추고 햇살과 몸 섞었다." 이렇게 나 중심주의로부터 벗어나 대전환의 상상력을 펼칠 때 모든 게 달리 보이고 다르게 발명될 수 있다. 가령 「암자」 p75에서는 "길가에 나뒹구는 구두 한 짝"에 우주적 생명을 지피고 있는 형국이 웅숭깊게 제시된다. "달빛이 가부좌 틀고 앉아/ 참선하다 가고// 바람이 빙글빙글/ 탑돌이 하다 가고// 갈잎이 바스락바스락/ 염불하다 가고// 개미들이 떼로 몰려/ 참배하고 가는" 암자로 거듭나게 하는 상상력이 이채롭다. 길가에 버려진 구두 한 짝은 이제 단지 버려진 허접한 쓰레기가 아니다. 달빛과 바람, 갈잎과 개미들이 더불어 협업하며 자연의 새로운 생태적 존재로 부활하게 되었다. 존재론적 대전환이다. 이런 대전환의 상상력이 돌올하게 두드러진다. 시인 스스로 제안한 전환의 길을 곡진하게 서정적으로 실천하는 모습이기 때문이다. 허공의 시인은 연결된 전체의 풍경을 현묘하게 조감하는데 장기를 보인다. 이제 표제작 「바람은 홀로 걷지 않는다」 p40를 보자.

> 바람은 가는 길을 감추지 않는다.
> 소슬바람에도 흔들리는
> 나뭇잎을 보면 알 수 있다.

바람은 홀로 걷지 않는다.
봄바람에 물보라처럼 흩어지는
벚꽃을 보면 알 수 있다.

바람은 제 발자국을 숨기지 않는다.
태풍이 지나간 후 바닥에 나뒹구는
능금을 보면 알 수 있다.
─「바람은 홀로 걷지 않는다」 부분

 바람은 역동적인 오브제다. 바람은 한 방향으로만 작동하지 않는다. 양방향의 상호수행이 바람의 생명력이자 그 이치이기도 하다. 바람이 불면 나뭇잎이 흔들리고, 나뭇잎이 흔들리면 바람에 에너지가 보태진다. 바람이 불면 벚꽃이 떨어져 물보라처럼 흩어지는데, 그렇게 흩어진 벚꽃잎들이 새롭게 바람을 일으킬 수도 있다. 그 상호수행의 역동성을 직관하면서 시인은 "바람은 홀로 걷지 않는다"라고 했다. 물론 연결된 전체가 서로에게 양(陽)의 방향으로만 작동하는 것은 아니다. 태풍에 나뒹구는 능금의 이미지는 음(陰)의 방향을 함축한다. 그것도 자연이다. 그것까지 포함해서 연결된 전체를, 허공의 시인은 관찰하며 바람의 길을 내고 시의 길을 연다. 그 과정에서 한경옥은 '정겨운 동행'에의 의지를 내비친다. 「함께 가야 할」 p41에서 그런 의지가 분명하다. 흔히 담쟁이와 벽의 관계에서 벽을 담쟁이가 "타고 넘어가야 할 적으로" 여기는 경우가 많은데, 그런 인식적 관

습에 이의를 제기한다. "벽은/ 담쟁이의 길을 막은 적이 없다./ 오히려 /타고 오르도록 온 몸을 내주었다./ 하늘과 달과 별,/ 햇살과 바람과 빗물도 포기했다./ 혹시라도/ 제 무게를 못 이겨 쳐질세라,/ 이파리 하나라도 떨어질세라/ 기지개 한 번 켜지 않고/ 받쳐주고 있는데" 어떻게 벽이 담쟁이의 적이 될 수 있겠느냐고 온 몸으로 묻는다. 나의 길, 자기 진영의 길을 위해 다른 어떤 존재도 타자화하는 시대의 부정적 징후들에 대한 비판적 성찰이 담긴 시편이다. 대개는 연결된 전체에 대한 성찰의 결여에서 비롯된 것들이다. 어찌 담 없이 담쟁이 혼자 생명의 길을 낼 수 있겠는가.

한경옥의 시에서 바람도 홀로 걷지 않고, 담쟁이와 담/벽도 다정한 동행을 하며 연결된 전체를 지향한다. 우리가 그것을 아트라베시아모(attraversiamo)의 서정이라고 부르면 어떨까. 엘리자베스 길버트(Elizabeth Gilbert)의 여행 에세이를 각색한 영화 《먹고 기도하고 사랑하라》(Eat Pray Love), 줄리아 로버츠 주연의 그 영화에서 명대사로 꼽히는 말이 '함께 건너가자'라는 뜻의 이탈리아어 아트라베시아모(attraversiamo)였다. 진정한 욕망과 영성 그리고 사랑을 찾아 낯선 세계로 떠난 한 여성의 이야기인 이 영화에서 주인공은 자기를 찾기 위해서 자기 안으로 몰입하는 과정에서 타인과 함께하는 연결 회로를 놓친 부분이 있었다. 마지막에 자기의 주제어라며 아트라베시아모를 이야기하는데, 그것이 감동적인 이유 중의 하나는 나 중심의 자기 탐색에서 연결된 전체 속에서 자기 탐문으로 전환하는 상징적인 계기로 작동하는 순간이기 때문이다. 한경옥의 담쟁이와 벽, 바람과 벚꽃, 버려진 구두와 갈잎도 그렇다. 서로가 서로에게 '아트라베시아모'라고 정성스럽게 눈짓하는 정경을 시인은 정겹게 보여준다. 함께 가기 위해서는 내가 느끼고 내가 생각하는 대로 말하기보다는 동행하는 타자의 기척을 잘 들을 준비가 무엇보다 중요하다. 그래야 타자의 초대에 기꺼이 응할 수 있겠기 때문이다. 시인이 "봄에는 사르락사르락/ 여름에는 우르릉쾅쾅 쏴아/ 가을에는 추적추적/ 겨울에는 차르륵차르륵// 계절 따라/ 다르게 내는 소리"(「네가 오는 소리」 p71)를 잘 들으려고 정성을 기울이는 모습을 눈여겨 보자. 그렇게 '네가 오는 소리'를 잘 들을 수 있는 다정한 귀와 열린 마음을 지닌 시인이기에 자연으로부터 초대받을 수 있었던 것이 아닐까. 허공의 시인은 바람과 정겹게 동행하면서 '바람'의 '바람'을 잘 들어주며 '아트라베시아모'의 상상력을 함께 펼친다. 연결된 모든 것들이 함께 어울려 시를 빚어낸다. 이래저래 『바람은 홀로 걷지 않는다』에는 '아트라베시아모'의 정겨운 바람이 인다.